Matthias von Bornstädt

Das kleine Schweinchen Rosa

Mit Hufeisen-Quiz

Bibi & Tina

Lesen lernen

1. Klasse

ab 6 Jahren

Klett Lerntraining

Bibliografische Information der Deutschen Nationalbibliothek
Die Deutsche Nationalbibliothek verzeichnet diese Publikation in der
Deutschen Nationalbibliografie; detaillierte bibliografische Daten sind
im Internet über http://dnb.dnb.de abrufbar.

Dieses Werk folgt der neuen Rechtschreibung und Zeichensetzung.
„Hexspruch" ist ein Begriff aus der Welt von Bibi Blocksberg.

1. Auflage 2017

© 2017 KIDDINX Studios GmbH, Berlin
Redaktion: Susanne Stephan
Lizenz durch KIDDINX Media GmbH
Lahnstraße 21, 12055 Berlin

© PONS GmbH, Stöckachstraße 11, 70190 Stuttgart 2016. Alle Rechte vorbehalten.
www.klett-lerntraining.de
Teamleiterin Grundschule und Kinderbuch: Susanne Schulz
Redaktion: textstelle Eva Günkinger, Esslingen
Sandra Meyer
Umschlaggestaltung und Layout: Sabine Kaufmann, Stuttgart
Autor: Matthias von Bornstädt, Berlin
Illustrationen: Madlen Frey und Till Bayreuther, Greven
Satz: tebitron gmbh, Gerlingen
Druck: Aumüller Druck GmbH & Co. KG, Regensburg
Bindung: Conzella Verlagsbuchbinderei Urban Meister GmbH & Co KG, Pfarrkirchen
Printed in Germany
ISBN 978-3-12-949333-5

Inhalt

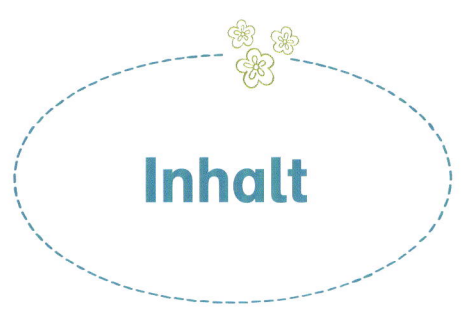

Lilli, der Bücherwurm

Ferienzeit auf dem Martinshof!
Bibi und Tina haben gestern
mit der Kutsche die Ferienkinder
vom Bahnhof abgeholt:
Leon, Sara und Lilli.

Die kleinen Gäste dürfen reiten
und die Pferde pflegen.
Aber sie helfen auch mit,
die Schweine, Hühner
und Kühe zu versorgen.
Das macht richtig Spaß!

Zumindest Leon und Sara
kümmern sich begeistert
um die Tiere auf dem Hof.
Lilli dagegen bleibt lieber
allein am Küchentisch sitzen
und steckt ihre Nase in ein Buch.

„He, Lilli, die Sonne scheint!
Komm nach draußen!",
ruft Bibi durchs offene Fenster.
„Oder bist du gar nicht
neugierig auf unsere Tiere?"

Lilli streckt ihr Buch hoch.
„Hier drin steht alles,
was man über Bauernhoftiere
wissen muss", erklärt sie.
„Puh!", flüstert Bibi Tina zu.
„Ein richtiger Bücherwurm!"

Die beiden lassen nicht locker.
Endlich legt Lilli seufzend
das dicke Buch beiseite.
Sie folgt den anderen
zum Schweinefüttern.
Begeistert sieht sie nicht aus.

Stolperei im Schweinestall

„Eure Ferkel sind echt süß",
freut sich Sara im Stall.
„Findest du nicht auch, Lilli?",
fragt Tina aufmunternd.

Und Bibi ruft: „Schau mal!
Rosa mag dich sogar
ganz besonders gern!"
Lilli blickt an sich hinab.
Ein niedliches rosa Ferkel
stupst verspielt
ihr Bein an.

13

Doch Lilli erschrickt vor Rosa
und weicht hastig zurück.
Dabei stolpert sie
über den Schweinetrog.
Sie schafft es gerade so,
nicht hineinzufallen!

Bei diesem Anblick
müssen Sara und Leon kichern.
Lilli läuft feuerrot an.
„Die Ärmste", murmelt Tina.
„Ich fürchte, Lilli ist nicht
fürs Landleben gemacht ..."

Ein Sturz mit Folgen

Wenig später auf der Koppel
begrüßt Pony Paulchen
Lilli mit freundlichem Wiehern.
Und da erscheint
ein zaghaftes Lächeln
auf Lillis Gesicht!

Umständlich klettert Lilli
auf Paulchens Rücken.
Sie sitzt etwas unsicher oben,
aber es gelingt ihr,
sich auf dem Pony zu halten.

„Klasse, Lilli! Mach weiter so!",
feuert Tina Lilli an.
Doch ganz plötzlich – witsch! –
saust ein rosafarbenes Etwas
unter Paulchen hindurch.

18

„Rosa!", ruft Bibi überrascht.
Die Tür zum Schweinestall
stand wohl noch offen …
Paulchen steigt wiehernd
und Lilli rutscht
mit einem Plumps vom Pony.

19

Zum Glück hat sich Lilli
nicht verletzt.
Aber ihre Brille ist kaputt!
Mit „Eene meene Hackebeil,
die Brille ist jetzt wieder heil!
Hex-hex!" hext Bibi
die Brille rasch wieder ganz.

Doch Lilli hat genug vom Reiten!
Schluchzend läuft sie
von der Koppel.
„Warte doch!", ruft Bibi ihr nach,
aber Tina meint: „Lass sie!
Lilli soll sich erst beruhigen ..."

21

Die Retterin in Rosarot

Aber Lilli ist ganz außer sich.
Sie läuft durchs Hoftor hinaus
und geradewegs in den Wald.
Was für blöde Ferien!
Blind vor Tränen stolpert Lilli
über eine Baumwurzel.

So ein Mist! Schon wieder
verliert sie ihre Brille.
Und niemand kann ihr helfen,
sie auf dem Waldboden zu finden!
Lilli sieht alles verschwommen.
Mit pochendem Herzen
tastet sie nach ihrer Brille.

Inzwischen haben Bibi und Tina
Lillis Verschwinden bemerkt.
„Sieh mal, Tina, das Hoftor –
es steht offen", meint Bibi.
„Lilli muss weggelaufen sein!"

Die beiden machen sich Sorgen:
Wenn der Kleinen
bloß nichts passiert ist!
Eilig reiten Bibi und Tina los,
um nach Lilli zu suchen.

Leider ohne Erfolg:
Auch eine ganze Stunde später
haben sie noch keine Spur.
Schließlich sagt Tina seufzend:
„Wir kehren besser um
und fragen Mutti um Rat!"

Doch plötzlich machen
die beiden Freundinnen
erstaunt am Waldrand Halt:
Im Unterholz blitzt etwas rosa!
Dann taucht zuerst ein Ferkel
und dahinter ein Mädchen auf.

„Lilli! Rosa!", ruft Bibi froh.
Das niedliche rosa Ferkel
war Lilli in den Wald gefolgt.
Dann hat es das Mädchen sicher
zurück zum Martinshof geführt.

„Tja! Schweine sind schlauer,
als man denkt", meint Tina.
„Und viel netter!", lächelt Lilli.
Bibi hext ihr eine neue Brille
und Lilli und ihr Glücksschwein
werden tierisch gute Freunde!

29

Hufeisen-Quiz

1 **Wie heißen die Kinder,
die auf dem Hof zu Gast sind?**

P ⬤ Leon, Sira und Lilli

T ⬤ Leo, Sara und Lila

B 🔵 Leon, Sara und Lilli

2 **Wobei helfen die Ferienkinder
mit?**

Ü 🔵 bei der Pferdepflege

B ⬤ beim Kutschefahren

C ⬤ beim Frühstückmachen

3 **Warum bleibt Lilli**
am Frühstückstisch sitzen?

A ⚪ Weil sie Angst vor den Tieren
hat.

C 🔵 Weil sie lieber über Tiere liest,
als ihnen zu begegnen.

Z ⚪ Weil die anderen Kinder Lilli
nicht mögen.

4 **Wie heißt das Ferkel,**
vor dem Lilli im Stall erschrickt?

S ⚪ Rosi

R ⚪ Rose

H 🔵 Rosa

5 **Wodurch gewinnt Pony Paulchen**
Lillis Vertrauen?

E 🔵 Er wiehert sie freundlich an.

B ⚪ Er stupst sie verspielt an.

G ⚪ Er lässt sich brav von ihr
füttern.

6 Weshalb läuft Lilli
vom Martinshof weg?

Ä ◯ Weil sie sich beim Sturz
vom Pony verletzt hat.

O ◯ Weil ihre Brille kaputt ist.

R ● Weil sie genug hat von
den Tieren und vom Reiten.

7 Wie fühlt sich Lilli,
als sie ihre Brille verliert?

S ◯ erleichtert

W ● hilflos

V ◯ neidisch

8 Was bringt Bibi auf die Idee,
dass Lilli nicht mehr
auf dem Hof ist?

U ● das offene Hoftor

H ◯ Spuren im Wald

Ö ◯ ein Tipp von Tina

9 **Wie lange suchen Bibi und Tina im Wald nach Lilli?**

R ● eine Stunde

F ○ eine halbe Stunde

E ○ zwei Stunden

10 **Lilli und Rosa werden am Ende Freunde, weil ...**

D ○ ... Rosa so schlau ist wie Lilli.

M ● ... Rosa Lilli aus der Patsche geholfen hat.

G ○ ... Rosa schon immer ein Glücksschwein haben wollte.

Lösungswort

Hast du alle Quiz-Fragen beantwortet? Dann trage hier die Buchstaben der richtigen Antworten ein.

B Ü C H E R W U R M
1 2 3 4 5 6 7 8 9 10

Tipp: Das Lösungswort hat etwas mit der Geschichte zu tun!

Noch mehr Lesestoff mit Bibi & Tina:

1. Klasse

Rehkitz in Not!
1. Klasse
ISBN 978-3-12-949258-1

Wirbel um Fohlen Felix
1. Klasse
ISBN 978-3-12-949090-7

Flammen auf dem
Martinshof 1. Klasse
ISBN 978-3-12-949394-6

Rettung bei Nacht
1. Klasse
ISBN 978-3-12-949080-8

Die große Ponyparty
1. Klasse
ISBN 978-3-12-949409-7

2. Klasse

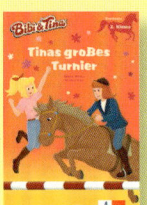    

Tinas großes Turnier
2. Klasse
ISBN 978-3-12-949257-4

Die verhexte Hochzeits-
kutsche 2. Klasse
ISBN 978-3-12-949069-3

Pferde-Abenteuer am
Meer 2. Klasse
ISBN 978-3-12-949334-2

Der große Streit
2. Klasse
ISBN 978-3-12-949395-3

Gefährliche Schatzsuche
2. Klasse
ISBN 978-3-12-949411-0

Erhältlich im Buchhandel.
Weitere Infos: www.klett-lerntraining.de

© 2017 KIDDINX Studios GmbH, Berlin
Lizenz durch KIDDINX Media GmbH
Lahnstr. 21, 12055 Berlin

34

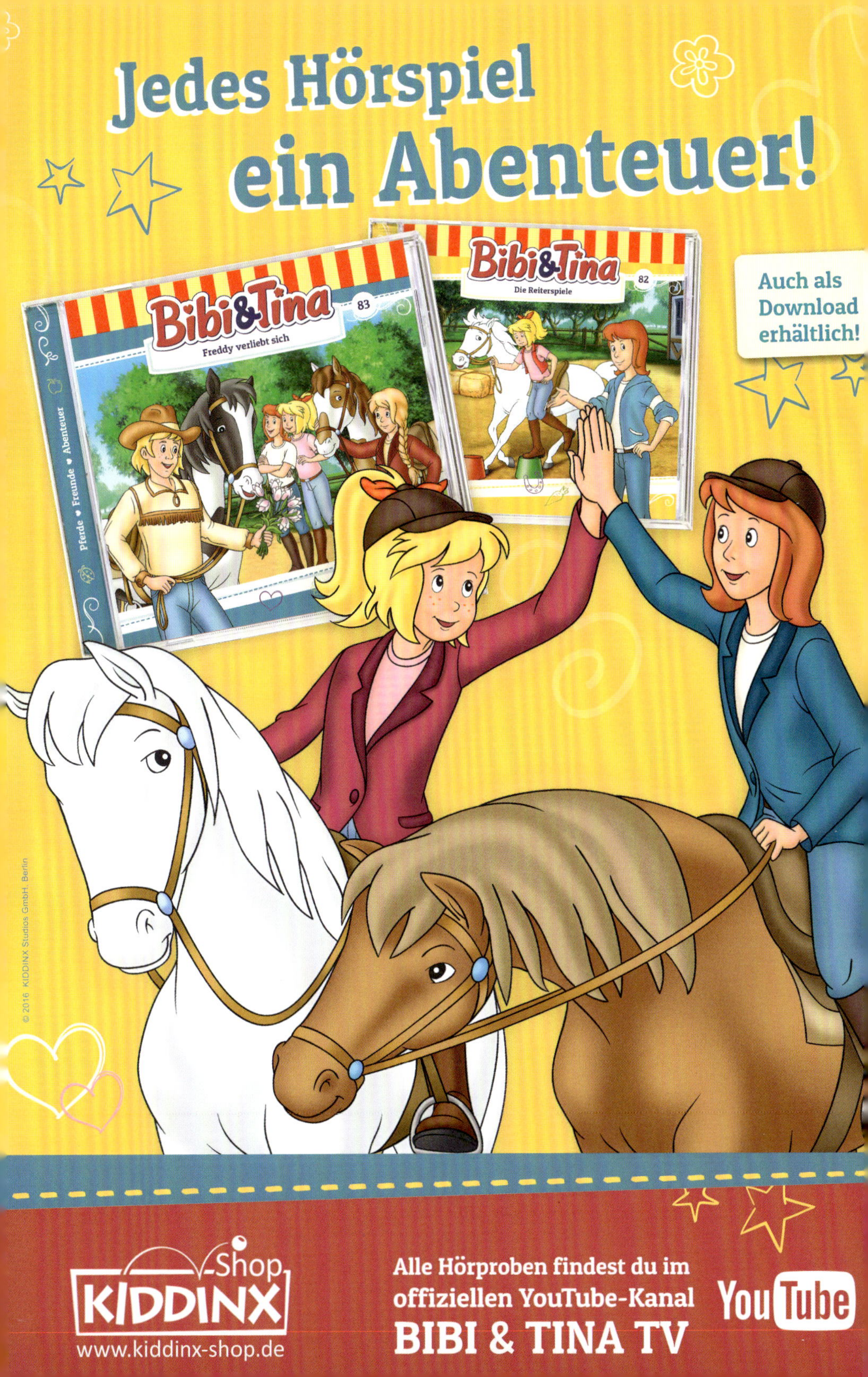
Jedes Hörspiel
ein Abenteuer!
Bibi&Tina
83
Freddy verliebt sich
Pferde • Freunde • Abenteuer
Bibi&Tina
82
Die Reiterspiele
Auch als Download erhältlich!
© 2016 KIDDINX Studios GmbH, Berlin
Shop
KIDDINX
www.kiddinx-shop.de
Alle Hörproben findest du im offiziellen YouTube-Kanal
BIBI & TINA TV
YouTube

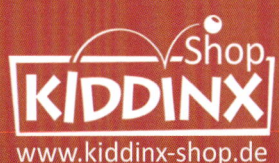

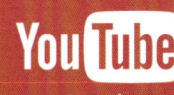

Mein Lese-Pass

Hier kannst du dir deinen eigenen
Lese-Pass basteln.

• Schneide die gegenüberliegende Seite
 an der gestrichelten Linie heraus.
• Falte die Seite in der Mitte.
• Schreibe deinen Namen in das Feld.

Hier kannst du eintragen, wann du
10 Minuten gelesen hast. Bibi und Tina
freuen sich, wenn du regelmäßig liest,
denn: Übung macht den Meister!

Viel Spaß beim Lesen wünschen dir
Bibi und Tina.